# 긍정의 삶
내 마음이 물결쳐요

고은 최 돈 애 시집

도서출판 조은

## 작가의 말

어느 날 바람처럼 떠나간 그대로 인하여 남겨진 피붙이가 두 그루 나무(딸)처럼 남았다. 내가 돌보지 아니하면 견딜 수 없는 흔들림으로 쓰러지는 것보다 부족하지만 나의 온 정성을 쏟아서 가꾸고 보니 어느 날 무성히 자라 나의 보호 그늘이 되었다. 바라만 보아도 흐뭇하고 마음의 위안이며 이젠 내가 믿고 의지하는 작은딸 USA 간호대학교 교수, 큰딸은 수석 연구원 사위 KAIST 물리학박사, 손자, 손녀 기도와 정성으로 쏟아 올린 보람으로 우뚝 서 나의 희망이며 삶의 고달픈 언덕을 넘어 풍성한 가을 들녘의 추수하는 풍요로운 들길 이러라.

제2시집을 출간하는 동안 저를 아껴 주시고 격려해 주시며 평소 이웃사랑으로 긍정의 힘을 주신 말씀, 깊은 관심에 감사드립니다. 더 열심히 노력하고 창작하며 빛과 소금처럼 살아가리라 다짐합니다.

2024 잠실 서재에서
고은 최돈애

# 서평

## 시(詩)는 우리 삶을 향기롭게 하는 묘약이다

(사)한국문인협회 김호운 이사장

'문학은 우리에게 무엇을 주는가'라는 주제로 여러 차례 문학 특강을 한 적 있습니다. 문학은 우리에게 무엇을 줄까요. 설핏 우문(愚問)처럼 보이는 이 말에는 여러 가지 의미가 담겨 있습니다. 문학은 지고지순한 예술이면서 동시에 평범한 일상이라는 메시지가 들어 있습니다. 바꾸어 말하면, 문학은 높은 곳에 있는 게 아니라 우리 눈높이에서 우리의 일상과 함께 있다는 말이기도 합니다. 『한국문학의 위상』(김현, 문학과지성, 1976)에 보면 '문학은 쓸모없는 것'이라는 정의와 함께 역설적으로 문학은 그렇기에 사람의 자유를 억압하지 않는다고 말합니다. 사람들은 모두 '쓸모 있는 것'에 노예가 되어 있기에 쓸모없는 것에 관심을 두지 않습니다. 그래서 우리 문학이 독자로부터 사랑받는 데 태생적 한계를 가집니다. 문학을 쓸모없는 것에 비정한 건 문학 그 자체로는 어떠한 도구가 되지 못한다는 의미를 함의합니다. 배고픈 사람에게 문학은 당장 밥이 되지 못하며, 전쟁의 소용돌이에 휘말린 사람들에게 이를 벗어나게 하는 무기가 되지도 못합니다. 그러나 문학은 쓸모 있는 것에 노예가 된 사람들에게 그 억압의 사슬을 풀고 자유공간으로 나오게 하는 힘을 가지고 있습니다. 그래서 우리는 이 쓸모없는(?) 창작 행위를 계속해야 하며, 그리하여 사람들에게 올곧은 자기 길을 찾아 웅숭깊은 삶을 누리게 합니다. 문학은 그런 아름다운 숲을 만드는 일입니다.

최돈애 시인의 제2시집 『긍정의 삶-내 마음이 물결쳐요』 출간을 축하합니다. 이 시집에 실린 작품 전체를 관통하는 빛깔은 긍정의 힘으로 사람을 사랑하는 온유한 사유의 정신입니다. 이는 앞서 '문학은 우리에게 무엇을 주는가' 라는 질문에 대한 대답 가운데 하나이기도 합니다. 이 시집 〈작가의 말〉 첫머리에 있는 "어느 날 바람처럼 떠나간 그대로 인하여 남겨진 피붙이가 두 그루 나무처럼 남았다. 내가 돌보지 아니하면 견딜 수 없는 흔들림으로 쓰러지는 것보다 부족하지만 나의 온 정성을 쏟아서 가꾸고 보니 어느 날 무성히 자라 나의 보호 그늘이 되었다."라는 말에서 최돈애 시인에게 '시'가 무엇인지에 대한 해답이 있습니다. 삶이 나무가 되고 그 나무의 그늘은 자신을 구원하는 믿음이 됩니다. 그것이 숲을 이룰 때 우리 삶은 웅숭깊어집니다. 최돈애 시인의 시는 이런 자신의 삶을 천착하면서 시인 특유의 사유 필터를 거쳐 나온 작품들입니다. 이 시집에는 사랑, 외로움, 신앙, 통일 등 일상에서 체험한 다양한 소재의 작품들이 모여 시(삶)의 숲을 이루고 있습니다.

그대였나요
백색의 고운 미소 보내며 소리 없이
내 곁으로 오시였습니다

꽃향기 휘날리며 요란하지 않아도
잠잠하게 안부를 물으며
평안으로 내려앉습니다

그대가 얼마나 소중한지
모두의 삶을 내려놓읍고
바라만 보아도 행복으로
초대됩니다
　　　　 - 시「첫눈이 내리는 날」중에서

　시「첫눈이 내리는 날」에는 절절한 사랑이 강렬하게 묻어납니다. 첫눈을 '사랑하는 그대'로 비정하며 바라만 보아도 행복해지는 감정을 절절하게 담았습니다. 특히 시「안부」에서는 '그리웠습니다/내 품 안인 줄 알았는데/먼 거리에 외로이 홀로 서서/쓸쓸히 서 계실 그대를 생각하니/안부를 묻지 않을 수 없습니다'에서처럼 '소중했던' 그에 대한 애절한 그림을 시로 그려놓았습니다.
　그런가 하면 최돈애 시인의 시상은 개인의 감상에만

머물지 않습니다.

동산이 아름다운 것은
예쁜 꽃들과 풀잎이 모여
있었기 때문인 것처럼

모두 함께라는 울타리 안에
사랑과 은혜로 아름다운
우리였다
  　　　　　- 시 「함께 세상을 보며」 중에서

시 「함께 세상을 보며」에서는 개인의 향기로운 삶이 모여 아름다운 사회(숲)를 이룸을 시로 형상합니다. 다양한 꽃이 피는 동산이 그러하듯 우리가 사는 사회는 나와 다른 수많은 사람과 함께 하는 공간입니다. 이 작품에서는 이런 다원화 사회를 하나의 아름다운 꽃동산이 되길 원하는 시인의 진솔한 감정을 담고 있습니다. 상대의 시선으로 세상을 바라보며 나와 다른 상대의 삶까지도 꽃동산'에 모읍니다. 숲에 들어가 보면 같은 식물이 없습니다. 같은 종의 식물일지라도 그 모습이나 사는 위치가 다르며 같이 모여 자라는 꽃들도 제각기 다른 모습을 하고 있습니다. 숲이 아름다운 건 바로 이렇듯 다른 식물들끼리 모여 살기 때문입니다. 시인은 자기 시선에 비치는 세상을 이런 숲과 꽃동산을 바라보듯 따뜻한 시선으로 바라봅니다.

세상이 두렵게 하고 떨리게 해도
비바람 몰아쳐도 풍랑 가운데
물 위를 걸어가는 믿음으로 살게 하시며
　　　　　　　　　　－ 시 「기도」 중에서

　시 「기도」에서도 역시 최돈애 시인은 신앙의 마음을 넘어 공동체 사회에서의 마음가짐을 놓치지 않습니다. 누구든 살다가 보면 이러저러한 고난의 시간을 지나게 마련입니다. 원망하며 또는 저항하며 이를 피하려고 하지만, 어쩔 수 없이 그 질곡을 넘어가야 할 경우가 있습니다. 시인은 이를 시련으로 보지 않고 삶의 일부분으로 받아들이는 깊은 철학적 사유를 관통하고 있습니다. 그런가 하면 신앙심을 키워준 여러 성직자에게 보내는 헌사의 시들도 있습니다. 최돈애 시인은 신심이 깊은 신앙인이기도 합니다. 자연과 사람에서, 또는 신앙생활을 하면서 체험한 소재들을 시로 옮기는 시인의 모습에서 사소한 일상에서도 놓치지 않고 감사하는 따뜻한 마음을 가졌음을 엿볼 수 있습니다. 이러한 시상은 시 「삶의 언덕을 넘어 너를 만나리」에서도 잘 나타나 있습니다.

저 언덕을 넘기까지
힘들다 말하지 아니하리라
꼭 넘어야 할 길이기에
바라볼 수 있는 아름다움 속으로

들꽃 향기들이 동행하여
눈물이 이슬로 저 창공 모두가 내 것이었으니까
지친 삶은 비교가 되지 않으리
저 언덕을 넘으면 너를 만나 사랑을 속삭이는
행복도 있기 때문이었으리라
삶의 언덕을 넘지 않고는 포기하지 마라
마리아가 기다리며 꿈을 이루게 함이리라
　　　　　- 시 「삶의 언덕을 넘어 너를 만나리」 중에서

　앞서 언급했듯이, 문학인이 작품집을 내는 일은 '문학의 숲'을 만드는 일입니다. 숲이 없으면 우리가 사는 세상은 사막이 됩니다. 문학 작품 한 편 한 편이 모여 숲을 이루고, 이 숲은 사람과 사람 사이에 인정을 잇는 가교가 되어 아름다운 향기를 전합니다.
　시를 어렵게 쓸 필요도 없습니다. 시 독자는 창작하는 시인만큼 시의 전문가가 아닙니다. 독자는 평범한 일상을 살아가는 분들로 시를 가까이하며 자신의 삶을 향기롭게 하고 싶어 합니다. 최돈애 시인의 시에는 누구든지 쉬 읽고 이해하며 자신의 체험 속으로 녹아들게 하는 힘이 있습니다. 이런 평범성을 자칫 쉬운 시라 오해할 수도 있겠으나, 시는 평범하며 보편성을 지닐 때 더욱 깊은 향기를 보여줍니다.

　슬퍼하지 마세요

왜 나만 있는 외로움이라고
불평하지 마세요

멋진 하루와 바쁜 일상이
내 곁에 있잖아요

오늘도 힘든 삶 속으로
돌아간 발자국과 그림자를
바라보다 생각하니

모두가 우정이었고
사랑이었습니다

- 시 「슬퍼하지 마세요」 전문

시 「슬퍼하지 마세요」에서 이런 시인의 마음이 절정(絕頂)에 이릅니다. 문학은 '와인(wine)'이 아니라 '물'이어야 합니다. 아무리 혀끝에 달콤하게 녹아나는 와인이라 할지라도 시도 때도 없이 마실 수는 없습니다. 이와 달리 물은 우리에게 없어서는 안 될 소중한 것이면서 매일 마셔도 질리지 않습니다. 물이 없으면 살아갈 수 없을 만큼 물은 우리의 생명과 같습니다. 그런 시여야 오래도록 독자의 가슴에 살아 숨쉬게 됩니다. 그런가 하면 시 「가버린 것에 대하여」에서는 오히려 해탈(解脫)의 경지에 이릅니다. 이는 아마도 시인의 신앙심에서 오는 달관의 마음이 아닐까 합니다.

가버린 것에 대한
그리움을 갖는 것은
어리석음이다

사라진 꿈을 부여잡는 것은
그리움이라고 부르리라
　　　　　　－ 시 「가버린 것에 대하여」

　최돈애 시인의 제2시집 『긍정의 삶-내 마음이 물결쳐요』 출간을 다시 한번 축하합니다. 이 시집이 우리의 삶을 향기롭게 하고, 우리 사회를 아름답게 하는 가교가 되어 사랑과 평화의 향기가 누리에 퍼져나가길 희망합니다.

## 추천사

여의도순복음교회 **홍영기** 목사
(세계교회성장연구원 원장)

　제가 존경하는 권사님이자 저명한 문인이신 최돈애 시인께서 이번에 새로운 시집을 발간하게 된 것을 진심으로 축하드립니다. 이 시집은 그 어휘와 문체가 따뜻하고 용기와 희망을 주는 아름다운 언어로 그려지고 있습니다. 단순히 감정을 표현하는 것을 넘어서, 인생의 깊은 성찰과 영적 여정을 담고 있어 읽는 이의 마음을 깊이 울립니다. 이 시집에는 그리움, 사랑, 희망, 긍정 등의 키워드가 다양한 내용의 주제 가운데 녹아져있습니다. 그래서 독자들로 하여금 자신의 삶을 다시 한 번 돌아보게 하고, 각자의 인생 속에서 희망과 긍정을 발견할 수 있도록 도와줍니다.

　이 시집의 제목이 〈긍정의 삶〉인 것만 보아도 시인이 얼마나 긍정적인 시각을 가지고 인생의 계절과 삶의 모습에 대하여, 시인이 출석하는 교회인 여의도순복음교회와 신앙에 대하여, 또 한반도의 평화와 인생의 의미에 대하여 아름답게 노래하고 있는지 알 수 있습니다.

특히, 시인의 신앙이 깃든 작품들은 영적 성장과 내면의 성숙을 추구하는 독자들에게 깊은 감동을 선사할 것입니다.

이 시집을 읽는 독자마다 마음이 맑아지고 삶의 이유와 소망이 새롭게 되리라 믿습니다. 낙심한 자는 용기를 얻고, 슬픈 자는 기쁨을 얻고, 부정적인 자는 긍정의 힘을 얻게 될 것입니다. 삶의 사소하고 작은 것도 모두 감사할 이유가 되며 또 빛나는 아름다운 것임을 깨닫게 될 것입니다. 긍정의 힘으로 인생의 소명을 잘 감당하기 원하는 모든 분들에게 이 시집을 적극 추천합니다. 이 시집을 읽는 독자마다 아름다운 긍정의 언어의 힘을 느끼고, 그 힘으로 삶 속에서 더욱 빛나는 여정을 걸어가기를 기원합니다.

## 차례

작가의 말 ··· 3
서   평 (사)한국문인협회 김호운 이사장 ··· 4
추천사 여의도 순복음교회 홍영기 목사 ··· 12

## 1부 ● 내 마음이 물결쳐요

첫눈이 내리는 날 ··· 21
서로 사랑하며 ··· 22
안부 ··· 24
여름이 오면 ··· 26
When summer comes ··· 28
함께 세상을 보며 ··· 30
가을 들녘 ··· 31
그리움과 번민 ··· 32
그대 그리움 삶이 되어 ··· 34
우리 집 봄이 찾아왔어요 ··· 36
이혼 ··· 37
계절의 봄이 머문 자리에서 ··· 38
그대가 먼저 보여주세요 ··· 39
봄비 ··· 40
가을 하늘 ··· 41
슈퍼문이 열리는 날 ··· 42
내 어머님 ··· 44

## 2부 ● 여의도순복음교회

조용기 목사님 & 김성혜 총장님을 그리며

김성혜 한세대 총장님 ⋯ 49
별이 되신 조용기 목사님을 그리며 ⋯ 50
이편한세상 가을집에서 ⋯ 52
여의도의 고함소리 ⋯ 54
사랑 그리고 허구 ⋯ 55
미주로 보내는 선교사 ⋯ 56
오늘의 기도 ⋯ 58
슬픈 날 기도했더니 ⋯ 60
기도 ⋯ 62
삶의 언덕을 넘어 너를 만나리 ⋯ 64
자화상 ⋯ 66
가을 낙엽을 밟으며 ⋯ 68
팬더믹 시대 ⋯ 70
빛과 어두움의 갈림길 ⋯ 72
아침에 ⋯ 74
새벽 이슬 ⋯ 75
어느 성운의 빛 ⋯ 76

## 3부 ● 삶이란 이런 거야

그리운 날 … 79
슬퍼하지 마세요 … 80
아름다운 삶의 향기 … 81
아메리카노 커피 … 82
사랑의 슬픈 연가 … 84
무더운 날 … 86
이른 아침 홀로 … 87
5월이 오면 … 88
미사리 산책 … 89
허상 … 90
정월의 보슬비 … 91
반려 식물 … 92
앞마당 잔디밭 … 93
자식 … 94
삶은 … 95
희망을 꿈꾸고 … 96
단풍 한 잎을 들고 … 98

## 4부 ● 한반도 평화를 위하여

북한산 그곳에 핀 꽃 한 송이 ··· 101
통일 연가 ··· 102
휴전선 철조망 ··· 103
자작나무 숲에서 ··· 104
평화 통일 ··· 105
친구야 ··· 106
그대 ··· 107
함박눈 ··· 108
통일이며 ··· 110
새빨간 거짓말과 하얀 거짓말 ··· 111
침묵Ⅱ ··· 112
찜통더위 열대야 ··· 113
양구도솔산전투 무적해병대 ··· 114
우리가 살아가야 하는 이유 ··· 116
아리랑 ··· 118
네가 그리워지는 날이면 ··· 119

## 5부 ● 삶의 언덕을 넘어서

오늘 … 123
외로운 날 혼자서 … 124
추석 명절 … 126
구봉도 … 127
가을 스튜디오 … 128
송파 예술 마루 … 129
강가에서 … 130
산행 … 131
산행길 … 132
하하 호호 로고송 … 134
가을 곁에 머물고 싶다 … 135
자화상 Ⅱ … 136
가버린 것에 대하여 … 137
오해 … 138
삶의 언덕을 넘어 너를 만나리 … 140
풀꽃 축제 … 142

1부
# 내 마음이 물결쳐요

## 첫눈이 내리는 날

그대였나요
백색의 고운 미소 보내며 소리 없이
내 곁으로 오시였습니다

꽃향기 휘날리며 요란하지 않아도
잠잠하게 안부를 물으며
평안으로 내려앉습니다

그대가 얼마나 소중한지
모두의 삶을 내려놓읍고
바라만 보아도 행복으로
초대됩니다

오늘 하루만이라도
한 해 동안 힘들었던 시간들을
시끄럽지 않은 고요한 흰 눈처럼
내리시어 사랑으로 덮으소서

* 송파문인협회 시화
* 포켓프레스신문

## 서로 사랑하며

그대가 그리워질 때면
캄캄한 동산에 올라
빛나는 별을 헤아리다가

달빛 환한 그때는
시야에서 벗어나 있었겠지만

언제나 변함없는
사랑으로 가슴에 피어 있었던 것을

미움으로 가득했던 시간들은 보이지 않았고
내 작은 허상이었다

캄캄한 언덕에 올라
그대 그리움으로
하늘을 바라보니

반짝이는 수많은 별들 가운데
함께 있는 나는 너와 같은 땅을 밟고 있었지만

지난 일들로 마음 아팠던 생각들은 내려놓고
누군가 바라만 보아도 위로가 되는

저 창공에 빛나는 별처럼 빛으로
사랑을 속삭이며 이제는 서로 사랑하자

## 안부

그리웠습니다
내 품 안인 줄 알았는데
먼 거리에 외로이 홀로 서서
쓸쓸히 서 계실 그대를 생각하니
안부를 묻지 않을 수 없습니다

아지랑이 피어오르는 철둑 길에서
뒷모습을 보였던 그날이 저물어간
밤부터 안부를 묻습니다

행여나 바람길로 편지를 띄우며
그대 행복해지기를 바램으로
저 푸른 창공으로 흩날리어
안부를 전합니다

함께했던 시간들 조차 지나고 보니
아름다움이었고 그리움이었다고
따뜻한 배려와 온유함과 오래 참음
사랑의 열매로 가득했던 시간들

마음속에서 지워지지 않으며
꿈틀댑니다

언제나 홀로 일지라도 그대 곁에는
희망과 멋진 삶이 떠나지 않도록
마주했던 한잔의 커피 향 속으로
안부를 띄웁니다

## 여름이 오면

여름이 오면 뜨겁게 사랑하고 싶습니다
춥고 소외된 그늘진 곳에서
슬퍼하는 이와 동행하고 싶지만
먼저 주님을 만나 사랑하는 법을
배우겠습니다

그때가 되면
우리들의 존재라는 소중함을 일깨워
서로에게 필요를 따라 채워주는 일상에서
그들과 손에 손잡고 행복 춤을 출 것입니다

그리고
거짓에 가면을 벗어 버린 후
진실된 마음으로 화합이라는
선한 싸움을 이겨 낼 것입니다

이때라
푸르른 신록을 주셨으니
여름날 영글어 익어지도록

그들 생활 속에 파고들어
희망이라는 꽃씨를 뿌려 가꾸도록
기도하겠습니다


* USA Glendale 에서
* 포켓프레스신문

# When summer comes

Donae Choi

When summer comes, I want to love passionate.
In a shady place that is cold and alienated,
I want to accompany the sad person.
Yet, I need to meet the Lord and I will learn how to love him first.

When that happens,
It reminds me of our precious existence.
Each other's needs fill in everyday life
They will be happy dancing with hands in hand

And
To take off the mask of the lie,
Harmony with a sincere heart
I will overcome from the battle

At this time,

You gave me a green verdure.
It gets becoming ripe during the summer sunshine
I will pray for a flower seed of hope
Cultivating and digging into their lives


Translator:
**Kanglim Lee**
A Nursing Professor at Shepherd University

## 함께 세상을 보며

동산이 아름다운 것은
예쁜 꽃들과 풀잎이 모여
있었기 때문인 것처럼

모두 함께라는 울타리 안에
사랑과 은혜로 아름다운
우리였다

그리고 배신과 미움의 응어리에서
용서와 화합이 있었기에
진리의 바른길이 빛이었다

그리하여
악인이 변하여 본받아 오도록
산천을 푸르게 하자

누군가 꽃향기 가득한 꽃길을 만든다면
수많은 벌과 나비로 인하여
악한 마음이 변화되지 않을까 하여
오늘도 세상을 보며 걷노라

# 가을 들녘

가을 들녘을 바라보니
풍성함이 우주 아래
따뜻한 마음이다

가을 들녘을 거니노라면
어머니 품 같은 넉넉함
두 팔 벌려 어려운 이웃을
품고도 남음이다

가을 산허리를 쳐다보니
울긋불긋 세상을 이겨낸
시련의 풍경이다

## 그리움과 번민

당신을 그리워 우는 밤이면
다하지 못한 수많은 별을 헤아립니다

그래야만 온 세상이 편할 거라고
생각하는 것은 번민일 것입니다

당신을 품고 있는 것은 한 송이
무심히 피어난 들꽃이 아니었음을
모두가 알고 있음에도 불구하고

흩어져 날리는 티끌만 한
아픈 사연이 남아 있었기에
번민하여 밤을 새우기를 여러 번

남아 있지 않은 허상을
괴로워하는 것도 번민이라며
꾸짖어 버리기를 여러 번

이미 나는 당신으로 하여
흔들렸고 작아진 생활에서 벗어나려고
몸부림을 칩니다

번민 속에서 한 줄기 희망을 걸고
고요한 내면의 깊음에서

새벽쯤에야 비로소 빛을 보았고
그리움과 번민은 삶의
걸림돌이라는 것을 깨달았습니다

## 그대 그리움 삶이 되어

하얀 눈이 내리는 날
따가운 가시 있는
장미 한 송이 남기고
바람처럼 떠나셨죠

물안개 피어오르는 강가에서
미소 남기고 잡아 주던 따뜻한 손
아리 한 사랑 들국화 향기
이른 아침 이슬처럼 가셨죠

허공을 나르는 구름처럼
그렇게 가시던 날

그대
함께 했던 자리에는
그토록 사랑했던 흔적만
외로움 아픔도 그리움 되어
배신이라고 고함지르던 소리

메아리 되어
후회가 앞을 가립니다

삶 그것은 소중한 일
그럴 때면 너무 멀어져 간 당신

마음을 비워내니
그 넓은 시야가 흔들어 버립니다

그대
남겨 놓은 모든 것이
삶 한 부분 잊을 수 없는
아름다움이었습니다
그리움이었습니다

내 마음에 뜻있는
큰 나무 한 그루 되어

소중히 가꾸며
모두가 흠모하는
숲속 길을 가렵니다

## 우리 집 봄이 찾아왔어요

마당 조그만 틈새마다
봄의 새싹들이 비집고
우주를 들어 올립니다

앵초 달래가 쏘옥
멍이 부추가 산들바람 타고 나르듯
작약은 고개를 길게 내밀고
다육이를 물끄러미

회양목 주목 나무가 우뚝 서 지키듯
황금 철쭉 움틈 이파리 바라보다
라일락 향기에 취해
새봄 따스한 햇살 속으로 찾아갔다

* 잠실 나의 정원 앞마당 잔디밭

# 이혼

불륜에 빠져드는 미움 같은 것
사랑을 배반하는 변명
자기를 포장한 이기적인 언어보다
보수적인 슬픈 이야기

너는 없고 나만 있는 것
이유조차 뛰어넘는
합리화로 포장한 괴로운 이야기

## 계절의 봄이 머문 자리에서

봄이 오면 따뜻한 그리움이
하늘 높이 솟아오르고

땅기운 들썩이던 여린 잎은
아픔 속에서 겨울을 견디어

봄 하늘바라기 그대 있는 자리에
꽃향기 피워 그리움 달래리라

## 그대가 먼저 보여주세요

그대가 갖고있는 아름다운 멜로디가 있다면
먼저 보여주세요
메마른 이웃이 희망이 될 테니까요

그대가 남기고 떠난 자리는 풀잎이 무성합니다
그것으로 인하여 먹거리가 되어
굶주림을 피했으니까요

그리고 그늘이 되어 쉼터가 되었답니다
그대가 먼저 보여준 것은 길이 되어
모두가 우러러 칭찬합니다

이제 사랑의 마술사가 되어
장미꽃 향기로 가득 채운 마음을 보여주세요
행운을 싫고 그대 가슴에 안길 때까지

# 봄비

봄비가 촉촉이 내리는 날
대지 위에 존재하는 생명체
공중에 나르는 미세먼지
모두가 빗속으로 스미어
땅속으로 정화되고
생명수가 되어지는 자연에서
감사를 드리지 않을 수 없었노라

우리들의 역할도
서러움 질곡의 언저리에
봄의 향연과 함께 떠나는
꽃비처럼 저 봄비 속으로
달려가 생명수가 되어지면
좋으련만

## 가을 하늘

가을 하늘이
높아 보이는 것은

청명함보다
풍요로움 일게다

황금물결의 논두렁
코스모스 한들거리는

길섶 한가위만큼

만민에게 나누도록
자연이 준 선물이기에

감사 기도로
넉넉함 보태니

높고 넓어진 마음이
가을 하늘을 날아본다

* 논산 한글문학관 시화전시

## 슈퍼문이 열리는 날

기쁨으로 마음속을 채우며
호숫가 벤치에서

이야기로 꽃을 피우고
약속을 했다

외로움이라는 단어를 놓고
숙제 풀기로

그날 밤은 하늘에서
슈퍼문이 열린다 하여
쳐다보았더니

둥근달이 지붕 위로
내려와 내게 말하기를

변치 않은 친구가 되기로
아무 유익도 구하지 않으며

아름다운 약속을 지키겠다며
속삭였고

외롭지 않을 즈음에
구름 위로 올라가더이다


* 석촌호수 시화전(2024.3.27.~31)

# 내 어머님

숲속 깊고 깊은 골짜기
아련한 기억 속에 잠들어 계신 내 어머님

어머님 가신 날보다 더 많은 세월
시간 속에 주름이 쌓여 어머님 모습이
더 젊으시고 아름다우셨지요

이제 그리움 속에 남겨진
마음 한편 내보입니다

그 시절 숱한 가난 속에서도

생일이 돌아오면 수수 팥떡으로
고이 빚어 주시던 그 무엇과도
비길 수 없었던 맛 그리운 마음

겨울이면 알밤 부엌 한편 흑 속에
묻었다가 한두 알 정성 들여 깎아
입에 넣어 주셨던 사랑

명절이면 색동 때때옷 사서 입히시고
즐거워하시던 모습

효도 한번 못 해 드리고 가셨기에
못다 한 서러움 눈물로 가슴을 적십니다

이제 할머니가 되어
바쁜 생활에 쫓기어 전화 한번
제대로 못하는 자식을 바라보다
이해하면서도

때로 야속한 마음 비워내니
내 어머님께 불효가 보입니다

다음날 잘 해드려야지

그것은 후회의 길인 것을 이제 알았습니다
들꽃처럼 강인하셨던 그리운 내 어머님

## 2부
# 여의도 순복음교회
### 조용기 목사님 & 김성혜 총장님을 그리며

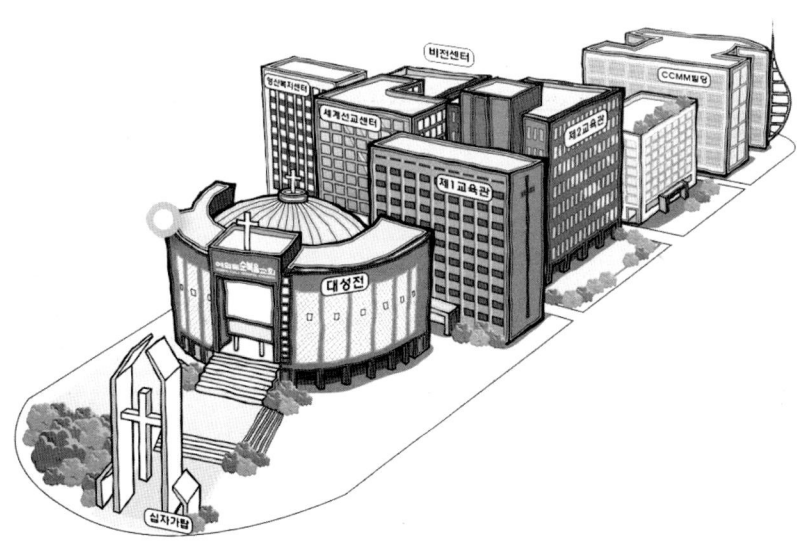

## 김성혜 한세대 총장님
〈교육자, 음악가, 부흥사, 목사〉

어찌 그리 무심히 가시였습니까
더 나이도 많으신 조용기 목사님을
홀로 두고 가시였나요

그리 여의도 순복음교회 대성전에서
예배드리기를 원하셨는데
가슴 아파 하시며 오산리 기도원에서 예배드리고
못내 서러워 가시었습니까

USA CA LA 아시아나 항공편으로 함께였던
김성혜 총장님은 이제 시간 속에 남겨진 글자로만
읽을 수 있는 분이 되셨습니까

세상에 속해있는 모두 한 것은 (잠깐) 그러하나요
영원히 남아 빛이 되신 한세대학교 교정 속에 역사로
남으신 김성혜 총장님 그립습니다

## 별이 되신 조용기 목사님을 그리며
〈여의도 순복음교회〉

한 세기에 한 분이셨던 목사님
이제 별이 되어 지구촌을 쉼 없이 누비고 다니십니까

먼저 가신 김성혜 총장님을 찾으셨는데 보이지 않으니
해 저물기 전에 그곳으로 가시었습니까

여의도 순복음교회 칠십만 성도와 해외 선교사님
그립지 않으신지요

고교 2학년 때 폐결핵으로 시한부 인생에서 죽을
수밖에 없었지만 야훼의 이름으로 84세까지 이 땅에
하나님의 기적을 보이시며 절대 긍정의 사차원 영성
을 마음에 새겨주시니 열광했던 우리는 이제 반짝이
는 별을 보고 조다윗이라 부르렵니다

세계 최빈국 굶주리고 헐벗었던 시절 대조동 천막교
회에서 여의도 세계 제일 큰 예배당 그것은 야훼를
통해 꿈을 이루셨던 위대한 일

당신께서 남기셨던 업적의 사차원 영성
〈생각, 믿음, 꿈, 말〉 희망의 설교…
삶의 역사에 남아 별처럼 영원히 빛날 것입니다

## 이편한세상 가을집에서

황무지에서 백합꽃을 피우기까지
노력을 아끼지 않았으리라

때로는 미움이 앞을 가릴 때면
비를 기다리는 가뭄 속에서
시들어가는 이파리조차
사랑했다

저 높은 곳에 면류관을 찬양하며
다섯 번이나 추운 겨울을 견디어도
못다 한 질책이 울음으로 그대 곁을 스치운다

교구를 이끌어야 했던 굴레 속에
기쁨과 환희의 서러움이었으리라

자아를 내리는 날
갈라디아의 오직 성령의 열매

"사랑과 희락과 화평과 오래 참음과
자비와 양선과 충성과 온유와 절제"

말씀으로 승리했으리라


* 방배 이편한세상에서

## 여의도의 고함소리

집단이기주의가 만연하였다
언제부터인가 망국의 길로 가는 외침이 하늘을 찌르니
어찌할꼬

공산 독재 체제를 스스로 끌어안고 몸부림치는 광경이
자유대한에서 누리는 복에 겨운 행동이리라

돌아오라 그대들이여
고함소리에 눌려 가슴이 아프다

거리의 집단행동이 얼마나 무익했는지 알리 없겠지만
변하여 자유를 누리는 이웃의 벗이 되어주기를
오늘도 바라보았노라

* 한국문인협회 시분과 사화집

## 사랑 그리고 허구

아무도 사랑을
쉽게 말하지 말라

오늘을 유예하는
부질없는 생각일 뿐이다

한 가지 외로움이
머무를 때 잡아두려는
욕심에 불과하다

진실이 없는 사랑은
하얀 눈꽃이다

# 미주로 보내는 선교사

선교의 빚진 자 되어 우리는
여기 모여 기도와 충전하는
기회를 삼아 그 땅을 위해
기도하며 힘을 모아 봅니다

보내는 선교사 가시는 선교사
때로 돕는 자로 바라보면
사막의 불모지 가시덤불 헤치며
눈물이 핏물 되어도 괜찮습니다

그대들 뒤에는 야훼께서 인도하시는
만나와 면류관이 있기 때문입니다
혹시나 자신과 자아의 피켓을 마음 한구석
꽂아 놓은 일은 없으십니까

선교의 불모지였으며 헐벗고 굶주렸던
대한의 땅 양화진 외진 곳
하나밖에 없는 심장까지도 내려놓았고
삶의 전부를 그곳에 흙으로 섞으셨습니다

그대들의 고귀한 뜻을 우리는 이제 보답으로
미주라는 날개를 달아 주셨으니
북미와 남미를 아우르고 사막의 설원
그곳을 위해

야훼의 뜻을 순종하며 홀로 영광 받으시는
보좌 위에 은빛 날개를 펴고 눈부신
하늘로 날아오르렵니다

## 오늘의 기도

코로나바이러스 19가 우리를 가두고 있습니다
어두움의 권세가 지구를 삼켜 버릴 듯
모두를 묶어 놓았습니다

그들은 높이 치솟은 향락의 유혹을 뿌리치지 못하고
마귀에 사로잡혀 자신의 죄악 가운데 있는
늪을 알지도 깨닫지도 못하나이다

가진 열 가지를 감사할 줄 모르고
갖지 못한 한 가지를 불평하며
원망하기를 여러 번 그 허무한 것을 쫓아
우리는 이미 온갖 죄악에 물들어 하나님
진노 앞에 두려움으로 서 있습니다

밝아오는 아침 햇살을 감사하며 기도했나요

하나님이 창조하신 아름다운 우주의 하늘빛에
자신을 돌아보는 회개의 기도를 드리게 하옵소서

많은자의 악행 가운데 넘어뜨린 폭풍우처럼
쓸고 간 지나간 힘든 세상을 바라보며
그럴 수밖에 없었노라는 변명마저도
불쌍히 여기시고 긍휼히 여기소서

험하디 험한 아찔한 세상의 고비마다
야훼께서 손잡아 인도하시며 생명나무로 먹이시고
사망의 길 위에서 길을 잃고 헤매던 자들을
주님의 보혈로 덮으시고 축복하여 주시사
혼돈의 코로나19 바이러스 시대를 종식시켜 주옵소서

## 슬픈 날 기도했더니

깊은 환상에서
나를 발견하고

행복과 우주를
주소서
기도했더니

천사의 날개로
위로의 따뜻함이
가슴으로 스미어

온몸으로 사랑의
전율이 흘러

하늘 높이 창공을
날아 평온의 여행을
했었지요

주님이 주신
날개 아래 머물러

행복해지는
둥지 틀고

무지갯빛 발하는
약속 안에서
슬퍼하지 않으리라

# 기도

작열하는 태양 빛 아래
삶의 언덕에서
긴 한숨 쉼터에 내려놓고
기도합니다

주님이 우리 안에 계시며
다스리시는 일을 알게 하시고
주님이 다스리시는 일을 깨닫게 하소서

신앙의 길 위에 머물러 살게 하시며
기쁨의 근원이 주님임을 알게 하시고
주님 한 분만으로 만족하게 하소서

세상이 두렵게 하고 떨리게 해도
비바람 몰아쳐도 풍랑 가운데
물 위를 걸어가는 믿음으로 살게 하시며

보이지 않는 곳에서 진정 후원자 되신 주님
없어질 세상의 것들로 기쁨을 회복하는 것이 아닌

말씀과 진리로 채워가는 진정한 삶이길 기도합니다

\* USA Glendale 에서
고전 3:18 "아무도 자신을 속이지 말라 너희 중에 누구든지 이 세상에서 지혜 있는 줄로 생각하거든 어리석은 자가 되라 그리하여야 지혜로운 자가 되리라"

## 삶의 언덕을 넘어 너를 만나리

저 언덕을 넘기까지
힘들다 말하지 아니하리라
꼭 넘어야 할 길이기에
바라볼 수 있는 아름다움 속으로
들꽃 향기들이 동행하여
눈물이 이슬로 저 창공 모두가 내 것이었으니까
지친 삶은 비교가 되지 않으리
저 언덕을 넘으면 너를 만나 사랑을 속삭이는
행복도 있기 때문이었으리라
삶의 언덕을 넘지 않고는 포기하지 마라
마리아가 기다리며 꿈을 이루게 함 이리라

저 언덕을 넘을 때면 폭풍우가
미친 듯 휘날리는 바람에 옷자락을
찢기운다 해도 원망하지 않으리
그것은 비우는 것이라 생각하니
비워야 새것으로 채울 수 있는
마리아가 알려준 속삭임을 기억하리
그럴 때면 따뜻한 햇살 한 줌

골수까지 파고들어 새 힘을 얻으리라
결코 삶의 언덕은 넘어야 할 모두의
길이기에 순종이라 함께 넘어서
결실을 맺는 가을 들녘에 너를 만나리라

## 자화상

얼마나 많은 행복들
함께 하지 못했던 아쉬움
허상을 좇아 절망 가운데
힘들었던 시간들
이제는 행복해야지

얼마나 많은 넓은 시야
함께 있음에도
외롭다고 했는지
나도 모르겠어

상처를 준 마음이 있다면
시간을 두어서
사랑으로 보듬어보리다

그리고
우주와 지혜 노력 모두가
다 내 것인 것을

가난하다고 불평했는지도 모르리
이제 깨달음이 있었기에 평안이리라

삶 가운데 힘들었던 고비
즐거웠던 환희
추억 그리고 과거형이거든

이제는 나에게 펼쳐질 모든 일들을
단아한 모습으로 맞이해야지

그리고 그림자처럼 동행 가운데
계셨던 주님
기도로 긴 시간 이어 가리라
야훼 닛시

## 가을 낙엽을 밟으며

이른 새벽
가을비와 함께

낙엽이 우수수 떨어지는
오솔길을 걸으며

시린 마음 드러냅니다

뒹구는 낙엽 속에
수많은 사연이 있듯이

일상의 한 켠에서
마음속에 간직한

서러운 일들도
생각하며

가을 낙엽을 밟으며
부서지는 여운을

두 손 모아 기도합니다
부서지는 것조차 사랑하게 하소서

## 팬더믹 시대

몇해인가 거리두기
보이지도 않는벌레
날개없는 바이러스
전세계를 날아가서
유행처럼 번지는데
속수무책 정치인들
때문인지 미웁기만
하네만은 다시한번
생각하여 백신개발
치료개발 앞당겨서
승리하자 대한민국
니편내편 하는사이
적국들만 좋아하니
화합하고 겉잡아서
서로서로 껴안고서
팬더믹을 끝내보자

벌벌떨고 있지말고
묶여있는 현실앞에
냉정하세 무엇하나
만나지도 못하는데
만나서도 마스크로
발음마저 불투명해
그래서도 만나고파
눈만보고 전하는말
사랑한다 하지만은
답답함은 여전하네
별일아닌 일상생활
지나보니 그립구나
다시오는 귀한시간
돌아오면 나누면서
용서하고 사랑하며
행복하게 살자꾸나

## 빛과 어두움의 갈림길

아침 햇살 창가에 스미는 하루하루
빛이었고 모두의 삶 아름다움의
전부였으며

여명과 함께 떠오르는 희망입니다
수많은 감사함 속에 잊어버린
자신이 정해놓은 어두움 공포에 머무릅니까

동성연애 합법화
쾌락 끝에 선 벼랑 소리입니다

어둠의 지체 가운데 기도 소리 발하여 빛으로
나아와 준비된 모임 안에서 손에 손잡고
여호와 영광 바라보며 찬양합시다

그대들이여 주님 안에 존재함이 억압이라면
인간의 생각과 행동을 제한하지만

주님의 굴레 속에 진정한 자유와 평화 구원을
누릴 수 있다는 사실을 기억해야 합니다

이제 활짝 핀 꽃처럼 주님 속에 사랑으로
여호와 섭리 나타내는 세상 빛 등대되어
보람과 행복을 가져가요

지금 여기 이 자리가 진리 속에 거하는
여호와의 말씀이
모든 불의에서 회개의 소리되어
어두움에서 빛으로 나를 것입니다

## 아침에

아침 햇살이 유리창 안으로
부서져 내리는 보석 같은 잔해

시간과 공간 사이로
사랑의 속삭임이 따뜻한 전율을 들고

대가 없이 주어지는
자연에서 감사를 배우며

환한 미소 충만함이
내 곁에 영원하리라(forever)

## 새벽 이슬

별이 반짝이는
밤하늘
사랑을 약속한
성운을 찾아나선 전설

길 없는 길 허공을
헤매이다

기억 속에 만난 요정
솟아오를 아침 햇살이면
요술처럼 사라질
사랑의 눈물 되어
방울방울 이슬로 흐른다

## 어느 성운의 빛

사천만 광년 떨어진
어느 성운

나선형의 강력한 빛이
아름다울지라도

내 마음속에 피어있는
당신을 향한 빛은

그 무엇보다 소중하고
비교할 수 없답니다

사랑하는 그대만이
내 마음속에서 볼 수 있지요

# 3부
# 삶이란 이런 거야

# 그리운 날

그리움이 밀려와 너에게로
달려가다

어디쯤 왔을까 헤아려 보니
끝도 없는 벌판 위를 지나
사막이었을까

눈 부신 햇살 아래
모래 언덕 사이에
홀로였으리라

그래도 너만 생각하면
오아시스의 물 한 모금으로
마냥 아름다움이다

## 슬퍼하지 마세요

슬퍼하지 마세요

왜 나만 있는 외로움이라고
불평하지 마세요

멋진 하루와 바쁜 일상이
내 곁에 있잖아요

오늘도 힘든 삶 속으로
돌아간 발자국과 그림자를
바라보다 생각하니

모두가 우정이었고
사랑이었습니다

## 아름다운 삶의 향기

꿀벌처럼 꽃에서 꿀을 가져가도
꽃에게 상처를 남기지 않고
열매를 맺을 수 있도록 도와주는
신의 법칙처럼

만남에서 이별까지
가슴에 새겨 놓은 흔적처럼

내가 사랑하는 사람이 아니더라도
촛불처럼 자신을 태우며
주위를 밝히는 헌신이 아니더라도

아름다운 삶의 향기를 따라
사랑할 수 있도록
자연을 닮은 숲속 길을 만들고 싶다

## 아메리카노 커피

커피 이름에도
레벨이 있다고

향기에도 순서가 있어
질서를 지키는 온기

그 분신 카페인
그 속에
세로토닌과 도파민
두 이름

뇌 화학 물질에 영향을 주어
긍정적인 기억력을 찾아
증대화 시키여

또 다른 질병도 퇴치한단다
아메리카노 커피만이 지닌

그 이름
블랙으로 순수하여

맑고 청명함으로
세포 속에 흐른다


\* 커피가 신체에 미치는 놀라운 효능 : 코메디 닷컴 검색

## 사랑의 슬픈 연가

장미 한 아름 고운 향기 스미는
미소 짓고 오셨던 그대 사랑

밤하늘의 수많은 별빛보다
아름다운 성운 빛 남기시고

떠나신 뒷모습은
푸른 줄기 장미꽃 속 가시였습니다

반짝이는 별빛 속으로
그대 그리움 감추려 해도

사랑으로 속삭였던 잔해들이
어두운 밤바다 위에 파도처럼

끝도 없이 밀려와
허우적대는 쓰라림

아픔 되어 포말을 품다
동그란 눈동자 속으로

가슴속을 비워내니
슬픈 사랑의 연가였습니다

## 무더운 날

구름 한 점 없는 가을날 같은 여름날
무더운 삼복더위가 불타는 듯 달려왔습니다

소낙비 장마가 그리워지는 것은
변덕이 아니라고 변명도 합니다

코비드19 마저 우주를 묶어 놓는가 하면
우리의 마음도 홀로가 되었습니다

그럴 때면 무릎 꿇고 기도해야 되는 것을
잠시나마 잊고 있었지요

## 이른 아침 홀로

그대 생각에 잠 못 이루는 밤이 지나고
어김없는 새날이 마주치는 날이면

따뜻한 사랑을 속삭이는 황금 연못이 되어
허우적거리는 작은 내 모습에 가슴이 울렁거립니다

그리워하는 마음
그대 곁은 걸어서 닿을 수 있는 같은 땅이겠지만
수려한 험지를 넘는 것도 깊은 강을 지나는 것도
아닐진대 맞잡을 거리가 허공을 날아갑니다

그대 따뜻한 사랑이 그리운 아침입니다

## 5월이 오면

5월이 오면
푸르름 모셔다가
세상 밭에 펼치고 싶소

그대를 만나던 때로
어지러운 풍상들을
시원하게 덮으리라

## 미사리 산책

바람 향기 그윽한 산책로를 거닐면
감탄사와 마음의 풍요로움이 동행
정원 속의 풍경이 되네

유유히 흐르는 강을 따라 걷노라면
세상을 품고 넓은 평온을 지녀 보며
모두가 꽃이 되어 날고 있다

* 송파문인협회 시화

# 허상

번개처럼 지나가 버린듯한
현실 속에 돌이켜 보면
뇌리에서 속삭이는 별빛 반짝이는
수많은 사연들

자신을 버리고 존재를 위해
십자가를 택한 예수님은
영원한데

왜 그리 높아지려 했고
정상에 서는 날은 국격을 잊은 채
왕이 되어서도 하나님이 되고 싶어 했던
어리석음

생쥐가 되어서 허상을 알다

## 정월의 보슬비

기후 변화의 탓이라
말하기에는

정겨운 정월의 보슬비
차라리 이슬이라고 말하고 싶다

하루 종일 내리는
안개 속을 걸어서야
머리카락이 촉촉이 젖었다

보이지 않는
그대 걸음에도 그러한지
그리움만 젖어드네

## 반려 식물

주어진 자리에서
절대순종

변함없이 자리 지키며
사명감당

향기 품어 웃음 주리라

사랑을 받으면
더한 향기 발산하여
기쁨 주며

그대에게 이로움만 주네
모두가 닮아 가면 좋으련만

## 앞마당 잔디밭

잔디만 무성하길 바랬는데
풀이 잔디 뿌리 옆으로 기대어
자라기를 기승

세상에 악인도 그러하겠지
원하지 않는데 악행을

# 자식

저희들 잘살면
행복한 것이지

더 바라고 의지하면
실망만 더하더이다

그냥 허전하다 보니
든든한 울타리라 여겨봐
그리 고마운 것을

내 몸보다 더 소중했던
순간이 그리움 되어
피붙이로 남았다

## 삶은

삶은
역행하지도 말고
맞서 대항하지도 말라

질책도 하지 말며
힘들어하지도 말고

지치지도 말며
그저 곁에 있는 동행자로 여기며

세월 가는 것으로
여행하듯 흘러가야만 되느니라

삶은
쇠약하여 저항이 없을 때까지
자연의 숭고함처럼

아름다운 한 송이
꽃이 되어야 하느니라

## 희망을 꿈꾸고

깊은 환상에서
나를 발견하고

행복의 날개를
달아 주소서
기도했더니

천사의 날개로
위로의 따뜻함이
가슴으로 스미여

온몸으로 사랑의
전율이 흘러

하늘 높이 창공을
날아 평온의 여행을
했었지요

주님이 주신
날개 아래 머물러

행복해지는
둥지 틀고

무지갯빛 발하는
약속 안에서
슬퍼하지 않으리라

# 단풍 한 잎을 들고

가을로 가는 길목에서
하늘 문을 열고

다음 해에 돌아올 마지막
햇살을 외면하지 않은 채

바람 한줄기 사이로
내려앉은 너의 모습

침묵으로 인사하며
작은 소망 말해 보렴

책갈피 속에 남고 싶다

# 4부
# 한반도 평화를 위하여

## 북한산 그곳에 핀 꽃 한송이

급하게 내려오다
마주친 이름 모를 꽃 한송이

왜 이리 그리울까?
다시 오르려면

겹겹이 철조망 걷히고
세습이라는 주체사상

평화 통일이라는
깃발이 있어야 된다는데

길잡이가 되어줄 그리운
사랑이여 어서 오소서

영원히 아름다운 자유의
빛으로 피게 하시옵소서

## 통일 연가

스산한
바람이 스치는 날
북에 두고 온 사랑이
그리움 되어
가슴을 움켜잡고
훠이훠이 날아가
그대 품에 안기고 싶소

이제 몇 대 세습이랑
걷어치우고
군림하는 제왕이 아닌
사랑으로 이천오백만
백성을 사랑으로 보듬으소서
자유를 누리게 하소서

## 휴전선 철조망

파란 하늘
가슴을 펼쳐 바라보니
빛과 바람과 구름도
하나 되어 자유로이 오가는데
내 사랑하는 동산에 씨앗 한 톨
저 북녘땅에 남긴 채
피지 못한 한 맺힌 절규가
휴전선 철조망에 걸렸구나

우리도
한번 자연을 닮아 보세
경제 대국 이루어
자유대한으로 모여보면
통일은 가까이 와 웃고 있다

## 자작나무 숲에서

은빛 날개 곧게 세우고
하늬바람 스치는
자작나무 숲에서

시간의 결속으로
왕비들의 파티였으리라

꿈결에서 깨어보니
원대리 자작나무 숲이었다

## 평화 통일

한반도 평화 통일은
우리의 소원이자
지구촌의 평화 일게다

왕국의 이념 때문에
잘린 허리 삼대 세습
전 세계에 저기뿐이란다

휴전선은 언제 철거될까

삼대 세습을 지킬 것인가
자유를 찾아 행복을 누릴 것인가
일어나라 동포여


\* 논산 미석한글문학관 시화

## 친구야

친구야
외로움이 밀려와
보고 싶을 때
달려오는
네 마음을 보여줘

그리움이
스칠 때면
달려와
허그해 주는
따뜻한 손길이 필요해

그럴 때면 네가 나를
사랑할지도 몰라

# 그대

그리움이 눈앞에서
아지랑이 나르듯

잡힐 듯하지만
신기루가 아닌

만남에서
그냥 아무 말이 없었다

가버린 뒤에야
또 보고 싶었습니다

# 함 박 눈

무엇이 그리 서러워
펑펑 쏟아 내릴까

서막을 내리고 싶어서
계절의 팡파르

존재를 드러내고파
한바탕 모두를 덮었다

속수무책 바라보다
너의 진실을 파헤쳐보니

외로움과 그리움이 결합하여
빚어낸 결정체

포근히 안아보니
함박눈은 온데간데없고

그로 인한
눈물이었네

그리하여 세상을 이겨내지 못한
나약한 것들을

따뜻한 가슴으로 품어 본다면
악이 변하여 선으로 눈 녹듯 돌아설 수 있을까

# 통일이여

남과 북은
씨줄 날줄로
비단길 열어보세

삼대 세습
쌀밥에 고깃국
아직도 그 말이
통용되는 대물림

일어나라 동포여
깨어나라 북녘땅이여

세습 속에는
독버섯만 자라지만

따뜻한 남쪽에는
표고버섯을 배양하느니라

## 새빨간 거짓말과 하얀 거짓말

새빨간 거짓말은
사람을 속이려는
나쁜 의도가 있고

하얀 거짓말은
선의에 거짓말
때에 따라 정의로운
하얀 거짓말이 필요하겠지만

그러나 진실이 소중한
우리 사이였으면 좋겠다

# 침묵 Ⅱ

열 받아서
대꾸하고 싶었다

그러면 감정이 앞서
진실이 가려질까 봐

기다림으로
지켜보았더니

정의롭게 해명이 되어
승리할 수 있었다

작은 침묵은 우리 삶의
아름다운 여유로움이며
때로 침묵은 훗날 평화를 도모하더이다

## 찜통더위 열대아

일백십일 년 만에 찾아온
찜통더위 열대아

그 누구도
이겨낼
장사 없었네

가을바람 산들바람
불어오니

정해진 계절 속으로
순종하며 떠나는데

더위에 쓰러진 보상은
어디서 찾으리

## 양구도솔산전투 무적해병대

그대들의 작전으로 빛내온 도솔산전투
지금은 반짝이는 별빛 되어
그늘 아래 쉼이 됨은
전적비에 나열된 유령비를 바라보며
국화꽃 한 송이로
무적해병대 용감함을 기리렵니다

도솔산 요새 같은 암벽지역에
민족의 뜨거운 가슴을 묻어둔
호국 영령들이여
바람 곁으로 심장소리 들릴 듯
당신들의 용맹함을 기억하며
조국에 바친 피 흘리심이 헛되지 않도록
저 북녘땅에 평화를 기도하리
통일을 노래하리
지구촌의 대국이 되어
무궁화 꽃을 피우리다

애국하는 마음이 없는 사람은
자기가 설 땅이 없다

그리하여 그대들의 숭고함이
하늘에 수많은 별처럼 영원히 빛나며
이 땅에 보석처럼 우러러 바라봄은
전장엔 진격과 죽어야 얻을 수 있었던
절박함의 땅 여기 도솔산 암벽의
피 내림으로 산화한
못다 핀 꽃송이들을 기억하노라

## 우리가 살아가야 하는 이유

따스한 봄 햇살 가슴속에 싹을 틔우는
아픔을 견디고 계절에 순응하는
순종의 길을 가면서 잔잔한 날갯짓 여미며
찬양으로 이곳에 머뭅니다

좌절과 분노는 현실에 있을지라도 절망 속에
눈물을 흘려도 포기할 수 없는 희망 한 줌 있기에
생물처럼 푸른 줄기 잎사귀로 흐르는 시간들 가운데
주님과 함께 여기 우리는 영원히 살아 있다는 것입니다

우리가 우리에게 기대어 살아온 삶의 무게가
무겁게 느껴올지라도 먼 훗날 흙으로 돌아 갈 때면
피와 피가 되어 우리를 덮고 흘러 솟아나는
샘물 되어 거듭날 것이외다

우리가 진정 아름다운 것은 주님과 동행이며 살아
있다는 이유 영원한 것이랍니다

이 모두한 일상 가운데 사랑이든 욕망이든 물질이든
둘로 갈라진 이념마저도 흐르는 시간 속에 묻어두고

우리 앞에 멈추인 현실을 조건없이 만족하며
감사하며 살리라

# 아리랑

민족의 애환
지고지순함으로
지켜낸 흔적

험준한 고갯길
숫한 고난 속에
피어오른
민족의 혼불

대한의 꽃 아리랑

슬픈 고난 속에도
아리랑 고개를 넘었다

환희의 기쁨에도
함께 했던
아리랑 고개

한민족 속에 핀
사랑 꽃이었다

## 네가 그리워지는 날이면

네가 그리워지는 날이면
고개 넘어 언덕길 지나
저 푸른 창공을 날아
인적 드문 휴전선에 머무른다

허공에 기대어 옛 시절
북녘땅에 두고 온
그리움 한점 꺼내어 보니
구슬픈 내 마음이 통일을
노래하누나

아름다운 금수강산 모두가
한 핏줄 하나인데 분단이라는
단어 속에서 몸부림을 치는구나

네가 보고 싶으면 밤하늘에
은하수 위로 철조망을 녹여서
긴 징검다리 만들 때까지
초롱초롱한 눈망울로 승화하리라

# 5부
# 삶의 언덕을 넘어서

# 오늘

오늘 네가 나를 사랑한다면
나는 따뜻한 가슴으로 남고 싶다

사랑이 필요한 이웃으로 나누게 하여
삶의 가치를 발견하도록
소통하고 싶다

악함과 선함이 공전하는 공간에서
타인을 배려할 줄 아는 너의
아름다운 모습을 그리워하노라

## 외로운 날 혼자여서

세상 밖으로 나올 때도
혼자였기에
허무해지고 외로울 때가
있을지라도
그런 일상으로 힘들어하지 말자

가슴 터질 것 같은 눈물의
서러움이 와도
세상 끝 경쟁이 할퀴고 간 아픔이
이별이라는
서러움이 바람처럼 휘감아
그물에 가두어도
그 자리에 머무르지 아니하고
눈물로 쏟아내 텅 빈
가슴에 사랑할 수 있는
단어들로 채우리라

외로움은
사치스러운 것
저 들판에 혼자 서서
바라보니
모두가 그랬고
아름다운 들꽃으로
바라보니
저 푸른 창공과 함께
모두가 행복과 평안으로
가득 채워지더이다

## 추석 명절

휘영청 둥근달을 품고
풍성한 황금들녘 길

오곡백과 무르익는
대추 감 사과 배

갖은 열매 포도송이
달린 듯

가을 하늘에 고추잠자리
날려 보내며

햇살에 익어가는 그대들이여
영혼까지 넉넉함으로

채워지는 자연에서
우리의 사랑도 익어 갑니다

\* '애국하는 마음이 없는 사람은 자기가 설 땅이 없다.'
　- 시인, 수필가 최돈애'

# 구봉도

대부도 북쪽 끝에
아홉 개 봉우리를 갖고 있다 하여
낙조 전망대까지 지녔다

시흥의 오이도와 시화 방조제가 연결되어
대부도는 서해안 제일 큰 섬이라

큰 언덕처럼 시야를 담아
그 이름이라 하여

다섯 개의 유인도를 거느리는 섬아
그래서 대부도인가 보다

아태문협 작가들은 오늘 그들을 정복하여
승리자로 기쁨을 누렸다

## 가을 스튜디오

봄으로 가는 길목에서
여름을 지나 가을 들녘의
무르익는 풍성함을 바라보다
세월이 지나는
모습을 멈추어 놓았다

민들레 꽃씨처럼
하늘을 나르려다
우연히 마주한 인연 속으로
솔잎 향기 그윽한데
가을 스튜디오에서
정지된 모습을 그려 놓았다

## 송파 예술 마루

하늘에서 선녀들이
내려오다 잠깐 머문 곳
예술인도 모두 하나 되어
멋진 풍광을 음미하리

유유히 흐르는 한강 다리 위
덩달아 자동차도 흘러가듯
이곳에서 우리는 세상의 고달픈
묵은 때 흘려보내니라

참 아름다워라 서울이여
더욱 빛나리라
정녕 그대와 함께여서
마음에 둥지 틀고 보니
어울림이었다

## 강가에서

강가를 바라보는
내 마음 앞으로

건너오는 바람은 끝없이
잔물결을 밀다가

내 가슴을 물결 위로
올려놓습니다

가랑비가 내릴 때면
스스럼없이 품어버리는

저 흐르는 강을 따라
넓고 깊은 바다에서

그대 만날 때면 미움과 아픔도
내가 다하지 못했던

넉넉한 사랑으로
품을 수 있으리라

# 산행

우리는
남한산성으로 나들이 갔다 오며
멋진 잔치 한마당을 벌여
웃음꽃을 피우고

화려한 번영을 약속하듯
저마다 나라꽃을 심기로 다짐하는
각자의 용사들은

남한산성의 솔향기 품은 부푼 꿈이
강산을 푸르게 덥기도 하더니
단풍으로 아름답게 단장도 하고
설원의 섭리를 맞이하며

모두에게 길이 되어 화려한
등산길을 리드하더이다

## 산행길

정월의 보슬비가
겨울답지 않게
하루를 적시는 날

우리는
하하 호호
하하 호호

위례 신도시를 거쳐
누비며
무인기를 타다가

해장국 하우스에서
몸을 녹이고

와인으로 부드럽게
마음을 달래고 찬양하며

웃고 또 웃으며
걷고 또 걸으며

함께 날고
즐거워했으리라

도시를 내려다보고
소리 없는 외침이

하늘을
걷기도 하였다

# 하하 호호 로고송

하하 호호 웃으면 복이 와요
즐겁게 만나보니 하하 호호 그대였어요
긍정으로 바라보니 희망이 따라와서
행복했어요

하하 호호 가슴으로 전하고
인사하며 나라 성에 올라서 바라봐요
하하 호호 야호

## 가을 곁에 머물고 싶다

가을은 파란 하늘처럼 예쁘다
풍요로워서 즐겁고 사랑스럽다

가을을 위해 땀 흘린 농부의 기다림을
보답이라도 하듯 아름답다

곱게 물든 단풍 한 잎처럼
가을 속으로
창고에 보물 쌓이는 행복이다

힘든 이웃을 위해 나누고자 꿈을 꾸듯
가을 곁에 있고 싶다

코발트 빛처럼 맑음 따라
넉넉하게 하는 수학이기에

## 자화상 Ⅱ

기억 속에 아련한 친구가 그립다
많이도 힘들 때 기대고 쉼을 얻었지

그래서 누군가에게 내 어깨를
쉬어가는 의자로 펼치고 싶었다

솔잎 향기 그윽한 홀로 선 오솔 길섶
바람 타고 주님 모습이 동행
희망과 위로 기쁨 성령 충만이었다

## 가버린 것에 대하여

가버린 것에 대한
그리움을 갖는 것은
어리석음이다

사라진 꿈을 부여잡는 것은
그리움이라고 부르리라

## 오해

별들이 캄캄한 밤에만 빛나는 것은
어두움이 있기 때문인 것처럼

우리의 삶 속에도 그러하듯

바쁨을 핑계로 잊고 살았던 시간들 속에
항상 너를 향한 사랑은 변함이 없었고

힘들어 고통 속에 바닷가 은빛 반짝이는
모래 위를 걸을 때

동행자마저 떠나버렸다고 원망했었지

그때 너무 힘들어 사선을 헤맬 때
쓰러져 업고 갔던 임은 여전히
함께였는데

그림자 속에는
홀로였으니까 오해였다

그래서 작은 사소한 일에
아름다운 관계들을 잃어버릴까 하노라

세상사 앞으로 빗나간 일들이
서성거려도 흔들리지 말고

곧고 바른 아름다운 사랑으로 어둠 속에
빛을 발하는 동행자가 되어보자

진정 사랑하는 이에게로

# 삶의 언덕을 넘어 너를 만나리

저 언덕을 넘기까지
힘들다 말하지 아니하리라
꼭 넘어야 할 길이기에
바라볼 수 있는 아름다움 속으로
들꽃 향기들이 동행하여
눈물이 이슬로 저 창공 모두가 내 것이었으니까
지친 삶은 비교가 되지 않으리
저 언덕을 넘으면 너를 만나 사랑을 속삭이는
행복도 있기 때문이었으리라
삶의 언덕을 넘지 않고는 포기하지 마라
마리아가 기다리며 꿈을 이루게 함 이리라

저 언덕을 넘을 때면 폭풍우가
미친 듯 휘날리는 바람에 옷자락을
찢기 운다 해도 원망하지 않으리
그것은 비우는 것이라 생각하니
비워야 새것으로 채울 수 있는
마리아가 알려준 속삭임을 기억하리

그럴 때면 따뜻한 햇살 한 줌
골수까지 파고들어 새 힘을 얻으리라
결코 삶의 언덕은 넘어야 할 모두의
길이기에 순종이라 함께 넘어서
결실을 맺는 가을 들녘에 너를 만나리라

## 풀꽃 축제

풀 : 풀잎이 싱그러워
꽃 : 꽃을 피우니
축 : 축하하여 즐기고
제 : 제창하며 노래하리

* 송파문인협회 '공주 나태주문학관 문학기행' 사행시

## 긍정의 삶
### 내 마음이 물결쳐요

**인쇄일** | 2024년 10월 15일
**발행일** | 2024년 10월 15일

**지은이** | 고은 최돈애
**펴낸곳** | 도서출판 조은
**발행인** | 김화인
**편집인** | 김진순
**주소** | 서울시 중구 을지로20길 12 대성빌딩 405호
**전화** | (02)2273-2408
**팩스** | (02)2272-1391
**출판등록** | 1995년 7월 5일 등록번호 제2-1999호
**ISBN** | 979-11-91735-97-0
**정가** | 13,000원

♠ 잘못된 책은 바꾸어 드리겠습니다
♠ 이 책의 내용은 신저작권법에 의하여 국제적으로 보호받고 있습니다.
♠ 전재 및 복제를 할 수 없습니다.